sekolahan - isikole	2
perjalanan - ukuhamba	5
angkutan - izinto zokuhamba	8
kutha - idolobha	10
lanskap - ingadi	14
restoran - isitolo sokudlela	17
supermarket - emakethe enkulu	20
ombenan - iziphuzo	22
panganan - ukudla	23
kebon - ifamu	27
omah - indlu	31
ruang tamu - igumbi lokuhlala	33
pawon - ikhishi	35
jedhing - igumbi lokugeza	38
kamar anak - igumbi lezingane	42
klambi - izimpahla	44
kantor - i-ofisi	49
ekonomi - umnotho	51
gawean - imisebenzi	53
alat - amathuluzi	56
alat musik - izinsimbi zomculo	57
kebon kewan - esiqiwini	59
olahraga - imidlalo	62
kegiatan - imisebenzi	63
keluarga - umndeni	67
awak - umzimba	68
griya sakit - isibhedlela	72
dharurat - izimo eziphuthumayo	76
bumi - Umhlaba	77
jam - iwashi	79
minggu - iviki	80
tahun - unyaka	81
wangun - amasheyphu	83
warna - imibala	84
kontras - izinto ezingafani	85
angka - izinombolo	88
basa-basa - izilimi	90
sapa / apa / piye - ubani / ini / kanjani	91
neng endi - kuphi	92

Impressum
Verlag: BABADADA GmbH, Nedderfeld 112 , 22529 Hamburg
Geschäftsführer / Verlagsleitung: Harald Hof
Druck: Books on Demand GmbH, In de Tarpen 42, 22848 Norderstedt

Imprint
Publisher: BABADADA GmbH, Nedderfeld 112 , 22529 Hamburg, Germany
Managing Director / Publishing direction: Harald Hof
Print: Books on Demand GmbH, In de Tarpen 42, 22848 Norderstedt

sekolahan
isikole

- para divayda
- blabag kanggo nulis — ibhodi
- kelas — ikilasi
- latar sekolah — igceke lesikole
- guru — uthisha
- dluwang — iphepha
- pen — ipeni
- nulis — bhala
- meja — ideski
- garisan — irula
- buku — incwadi
- murid — umuntu

tas sekolah
isikhwama

tepak potlot
isikwama sepeni

potlot
ipensela

orotan potlot
umshini wokulola

setip
irabha

lemek nggambar
indawo yokudweba

gambar
ukudweba

kuwas
ibrashi lokupenda

tepak cat nggambar
ibhokisi lokupenda

gunting
isikelo

lem
inomfi

buku latihan soal
incwadi yesikole

pakaryan omah
umsebenzi wasekhaya

angka
inamba

tambah
hlanganisa

suda
susa

ping
phindaphinda

itung
bala

aksara
incwadi

abjad
izinhlamvu zamagama

tembung
igama

sekolahan - isikole

teks
umbhalo

maca
funda

kapur
ushoki

wulangan
isifundo

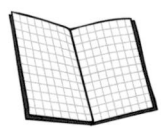
dhaptar
bhalisa

ujian
isivivinyo

sertipikat
isitifiketi

sragam sekolah
iyunifomu yesikole

pendhidhikan
imfundo

ensiklopedia
i-encyclopedia

universitas
inyuvesi

mikroskop
isibonakhulu

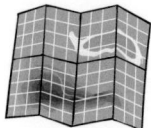
peta
ibalazwe

kranjang larahan
ibhaskidi yokulahla amaphepha

sekolahan - isikole

perjalanan
ukuhamba

hotel
ihhotela

hostel
ihositela

kantor pertukaran duit mancanegara
bureau de change

koper
i-suitcase

mobil
imoto

basa
ulimi

iya / ora
yebo / cha

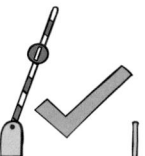

oke
kulungile

halo
sawubona

juru basa
umhumushi

matur nuwun
Ngiyabonga

perjalanan - ukuhamba

Piro regane ...?
iyimalini i...?

aku ora ngerti
angiqondi

masalah
inkinga

Sugeng dalu!
Intambama enhle!

Sugeng enjang
Sawubona!

Sugeng dalu!
Ulale kahle!

pareng
bye bye

arah
isiqondiso

koper
izikhwama

tas
isikhwama

ransel
ubhakha

tamu
isivakashi

kamar
igumbi

kantong turu
isikhwama sokulala

tenda
ithende

informasi turis
imininingwane yamathoristi

pantai
ulwandle

kertu kredit
ikhadi lesikweletu

sarapan
ukudla kwasekuseni

mangan awan
ukudla kwasemini

mangan ing wayah bengi
ukudla kwasebusuku

tiket
ithikithi

lift
i-lift

perangko
isitembu

watesan
ibhoda

cukai
amasiko

kedutaan
inxusa

visa
ivisa

paspor
iphasiphothi

perjalanan - ukuhamba

angkutan
izinto zokuhamba

montor mabur
indiza

kapal
iskebhe

mesin pemadam kobongan
injini yomlilo

bis
ibhasi

truk
iloli

prahu motor
isikebhe senjini

sepeda
isithuthuthu

mobil
imoto

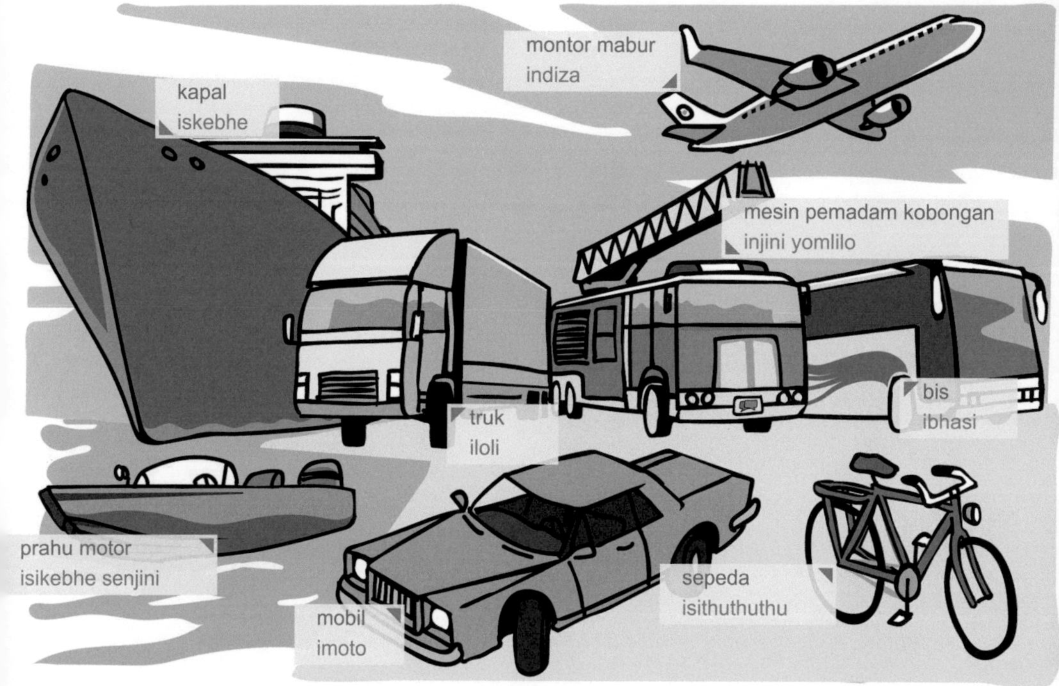

feri
isikebhe

perahu
isikebhe

sepeda motor
isithuthuthu

mobil polisi
imoto yamaphoyisa

mobil balapan
imoto ejahayo

mobil sewa
imoto eqashiwe

8   angkutan - izinto zokuhamba

sewa mobil
ukurenta imoto

truk derek
iloli eliphukile

truk resek
ithrakhi

motor
injini

bensin
amafutha

pom bensin
indawo yokuthela uphethiloli

tanda dalan
uphawu lwethrafikhi

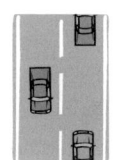

lalu lintas
ithrafikhi

macet
ithrafikhi enkulu

parkir mobil
indawo yokupaka izimoto

stasiun sepur
isitashi sesitimela

ril sepur
amaloli

sepur
isitimela

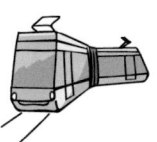

tram
ithilamu

grobak
inqola

angkutan - izinto zokuhamba

helikopter
ihelikhoptha

lapangan montor mabur
isikhungo sezindiza

menara
umphongolo

penumpang
iphasenja

kontener
ikhonteyna

kerdhus
ikhathoni

troli
inqola

kranjang
ubhasikidi

mabur / ndarat
ukusuka / ukwehla

kutha
idolobha

desa
isigodi

tengah kutha
i-city centre

omah
indlu

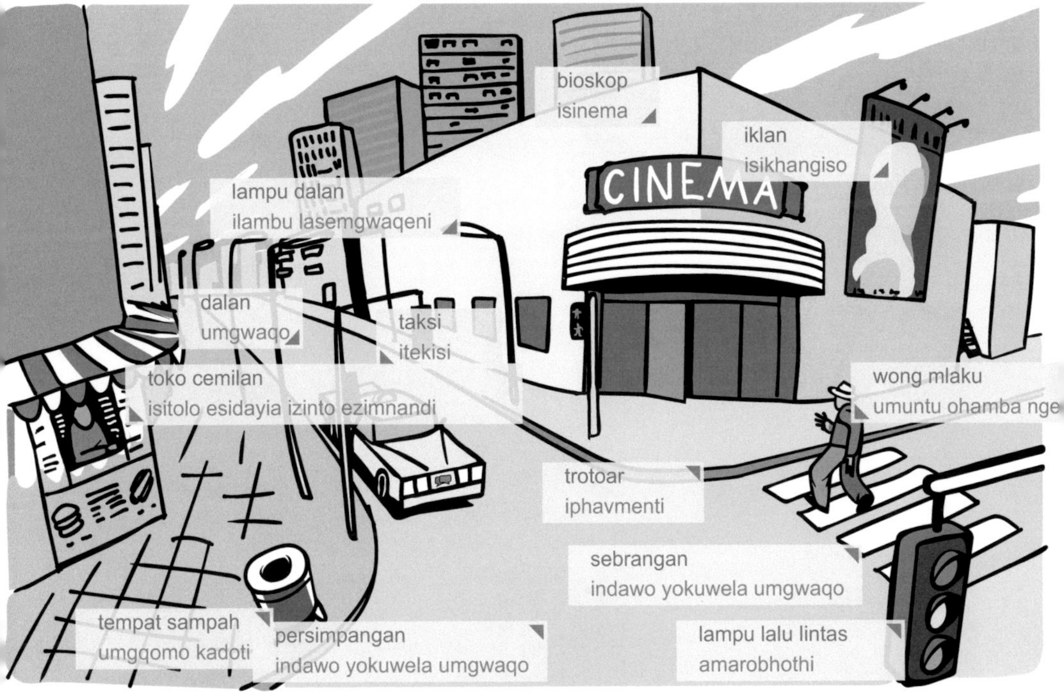

bioskop / isinema

iklan / isikhangiso

lampu dalan / ilambu lasemgwaqeni

dalan / umgwaqo

taksi / itekisi

toko cemilan / isitolo esidayia izinto ezimnandi

wong mlaku / umuntu ohamba nge...

trotoar / iphavmenti

sebrangan / indawo yokuwela umgwaqo

tempat sampah / umgqomo kadoti

persimpangan / indawo yokuwela umgwaqo

lampu lalu lintas / amarobhothi

gubuk
indlu yodaka

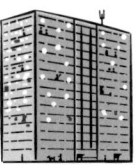

apartemen
i-flat

stasiun sepur
isitashi sesitimela

bale kutha
i-town hall

museum
imuzilemu

sekolahan
isikole

kutha - idolobha

 universitas / inyuvesi	 bank / ibhange	 griya sakit / isibhedlela
 hotel / ihhotela	 apotek / ikhemisi	 kantor / i-ofisi
 toko buku / isitolo sezincwadi	 toko / esitolo	 toko kembang / istolo sezimbali
 supermarket / emakethe enkulu	 pasar / imakethe	 toko sarwa ana / isitolo somnyango
 toko iwak / i-fishmonger's	 mal / isikhungo sezitolo	 pelabuhan / isikhungo semikhumbi

kutha - idolobha

taman
ipaki

bangku
ibhentshi

tretek
ibhuloho

andha
izitezi

metro
ngaphansi komhlaba

trowongan
umhubhe

halte bis
istobhu sebhasi

bar
i-bar

restoran
isitolo sokudlela

kotak surat
eposini

pratandha dalan
uphawu lwasemgwaqeni

meteran parkir
umshini wokukhokhela ukupaka

kebon kewan
esiqiwini

kolam renang
indawo yokubhukuda

masjid
i-mosque

kutha - idolobha

kebon	polusi	kuburan
ifamu	ukungcola	amagcwaba

greja	panggon dolanan	candi
isonto	igrawundi lokudlala	ithempeli

lanskap
ingadi

- godong / icembe
- plang / mpambano mgwaqo
- dalan / indlela
- beran / idlelo
- watu / itshe
- uwit / isihlahla
- wong munggah / umqwali wezintaba
- kali / umfula
- suket / utshani
- kembang / imbali

lembah
isigodi

bukit
intaba

tlogo
ichibi

alas
ihlathi

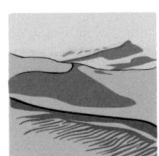
ara-ara
ogwadule

gunung geni
intaba mlilo

keraton
isigodlo

kluwung
uthingo

jamur
ikhowe

uwit palem
isihlahla sesundu

lemut
umiyane

laler
ukundiza

semut
intuthwane

tawon
inyosi

angga-angga
isicabucabu

lanskap - ingadi

kumbang
ibhungane

kodok
ixoxo

bajing
i-squirrel

landhak
i-hedgehog

truwelu
unogwaja

manuk dares
isikhova

manut
izinyoni

banyak
idada

celeng
intibane

kidang
inyamazane

menjangan
i-moose

bendungan
idamu

turbin angin
i-wind turbine

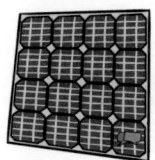
panel srengenge
i-solar panel

iklim
isimo sezulu

lanskap - ingadi

restoran
isitolo sokudlela

laden
uweyita

menu
imenu

kursi
isihlalo

sop
isobho

pizza
i-pizza

taplak meja
indwangu yasetafuleni

alat mangan
ikhathilari

hidangan pambuka
ukudla okulula

menu utama
isidlo

hidangan penutup
idizethi

ombenan
iziphuzo

panganan
ukudla

gendul
ibhodlela

restoran - isitolo sokudlela

panganan instan
ukudla okulula

jajan cemilan
ukudla okudayiswa emgwaqeni

ceret teh
ithiphothi

kaleng gula
isitsha sikashukela

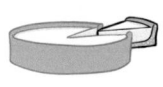
porsi
ingxenye

mesin espresso
umshini we-ekspreso

kursi duwur
isitulo esiphezulu

tagihan
izindleko

baki
ithreyi

lading
ummese

sendok garpu
imfologo

sendok
ispuni

sendok teh
ithispuni

serbet
indawo yokusula umlomo

gelas
igilasi

restoran - isitolo sokudlela

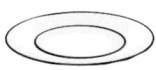
piring
ipuleti

piring sop
ipuleti lesobho

lepek
isoso

duduh
isosi

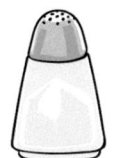
gendul uyah
isitsha sasawoti

bubuk mrico
isitsha sephepha

cuka
uviniga

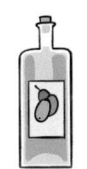
lenga
amafutha

bumbon
izinongo

saos tomat
isosi yetamatisi

mustar
isosi yesinaphi

mayones
imayonesi

supermarket

emakethe enkulu

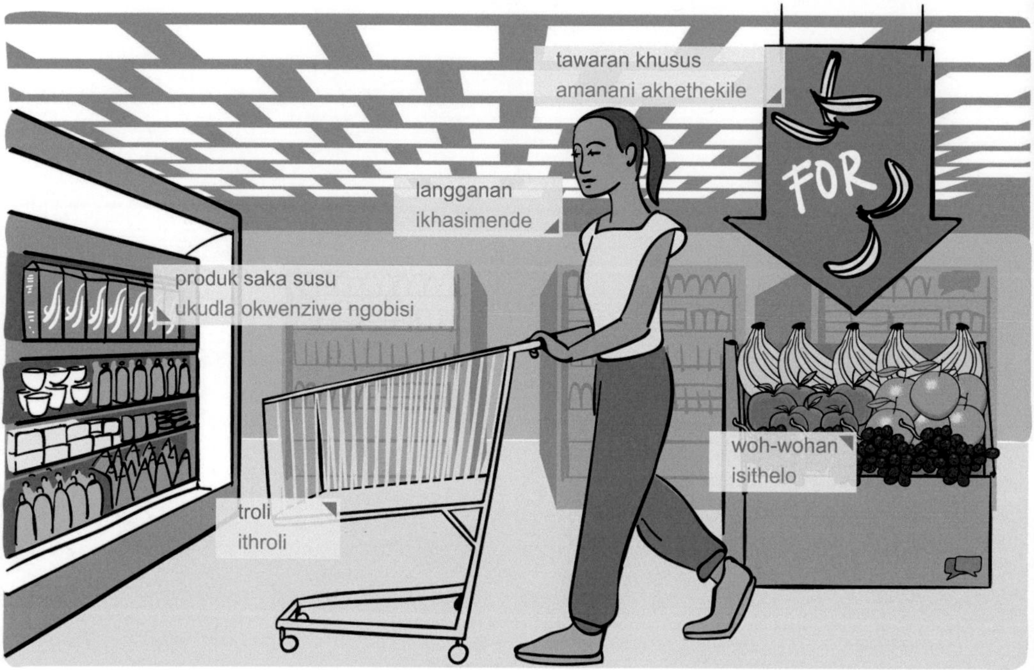

tawaran khusus
amanani akhethekile
langganan
ikhasimende
produk saka susu
ukudla okwenziwe ngobisi
woh-wohan
isithelo
troli
ithroli
FOR

BUTCHERS

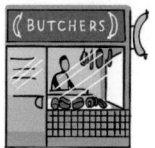

toko daging

ebhusha

BAKERY

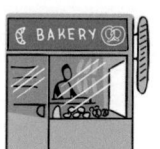

toko roti

isitolo esidayisa isinkwa

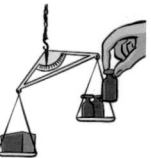

nimbang

kala

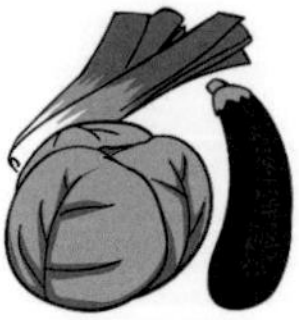

janganan

amaveji

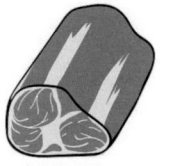

daging panggang

inyama

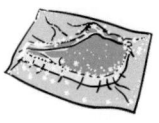

panganan beku

ukudla okubandayo

irisan daging

inyama ebandayo

panganan kaleng

ukudla okusethinini

deterjen

insipho yokuwasha enguphawuda

permen

oswidi

produk reresik omah

izinto zasendlini

produk reresik

izinto zokuhlanza

bakul

umuntu odayisayo

mesin kasir

ithili

kasir

umbali wemali

daftar blanja

izinto okumelwe zithengwe

jam buka

amahora okuvula

dompet

uwolethi

kertu kredit

ikhadi lesikweletu

tas

isikhwama

tas kresek

isikwama sepulastiki

supermarket - emakethe enkulu   21

ombenan
iziphuzo

banyu
amanzi

jus
ijusi

susu
ubisi

ombenan kanthi karbon
i-coke

anggur
iwayini

bir
ubhiya

alkohol
utshwala

coklat
i-cocoa

teh
itiye

kopi
ikhofi

espresso
i-ekspreso

cappuccino
ikhaphachino

panganan
ukudla

gedhang
ubhanana

apel
i-apula

jeruk
i-olintshi

semangka
ikhabe

jeruk lemon
ulamula

wortel
ukherothi

bawang
ugaligi

pring
umhlanga

bawang
u-anyanisi

jamur
ikhowe

kacang
amakinati

bakmi
ama-noodle

spageti
isipagethi

sego
iraysi

salad
isaladi

kentang goreng
ama-chips

kentang goreng
amazambane athosiwe

pizza
i-pizza

hamburger
ibhega

roti isi
isendiwichi

daging irisan
inyama engenathambo

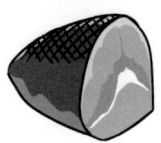

daging ham
ham

salami
salami

sosis
isoseji

pitik
inkukhu

daging panggang
yosiwe

iwak
inhlanzi

panganan - ukudla

bubur gandum
iphalishi le-oats

muesli
i-muesli

sereal jagung
ama-cornflakes

glepung
uflulawa

croissant
i-croissant

roti
isinkwa esiyiroli

roti
isinkwa

roti panggang
i-toast

biskuit
amabhiskidi

mertega
ibhotela

dadih
i-curd

kue
ikhekhe

endog
iqanda

endog goreng
iqanda elithosiwe

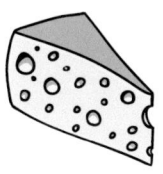
keju
ushizi

panganan - ukudla

es krim
i-ice cream

gula
ushukela

madu
uju

sele
ujamu

krim nugat
ispredi sikashokholedi

kare
isitshulu

panganan - ukudla

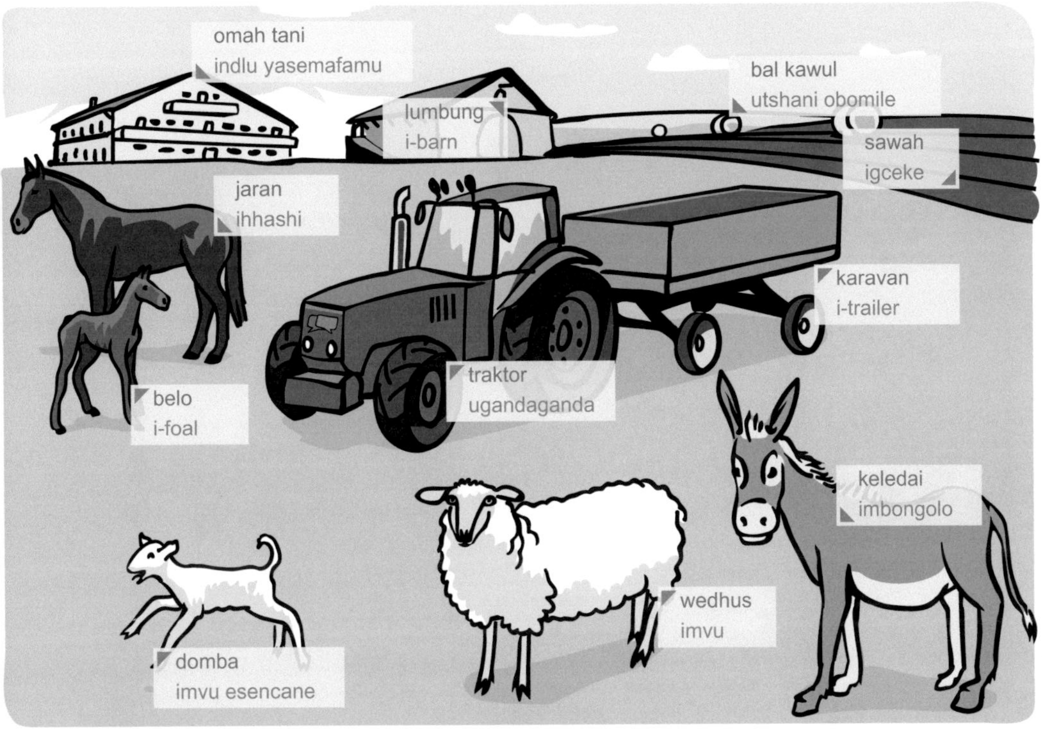

kebon
ifamu

omah tani
indlu yasemafamu

lumbung
i-barn

bal kawul
utshani obomile

sawah
igceke

jaran
ihhashi

karavan
i-trailer

belo
i-foal

traktor
ugandaganda

keledai
imbongolo

wedhus
imvu

domba
imvu esencane

wedhus

imbuzi

sapi

inkomo

pedhet

ithole

babi

ingulube

gambluk

ingulube esencane

kebo

inkunzi

banyak
ihansi

bebek
idada

kuthuk
ichwane

babon
isikhukhukazi

jago
iqhude

tikus
igundwane

kucing
ikati

tikus
igundwane

sapi
inkabi

asu
inja

kandang asu
indlu yenja

selang
ipayipi lokunisela

gembor
ikani lokunisela

arit gede
ucelemba

waluku
igeja

arit gede
isikela

pacul
ukhuba

garu
imfoloko

kapak
imbazo

grobak surung
ibhala

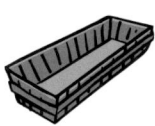

wadah pakan
umkhombe

kaleng susu
ubusi olusekanini

karung
isaka

pager
ifensi

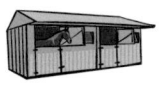

kandang
esitebhilini

omah kaca
i-greenhouse

lemah
inhlabathi

wiji
imbewu

rabuk
umanyolo

traktor panen
ukuvuna okuhlanganisiwe

kebon - ifamu

manen
vuna

panen
isivuno

ubi
ama-yam

gandum
ukolweni

kedelai
umbhontshisi

kentang
amazambane

jagung
ummbila

lobak
i-rapeseed

wit woh-wohan
isihlahla sezithelo

telo
umdumbula

sereal
amasiriyeli

kebon - ifamu

omah
indlu

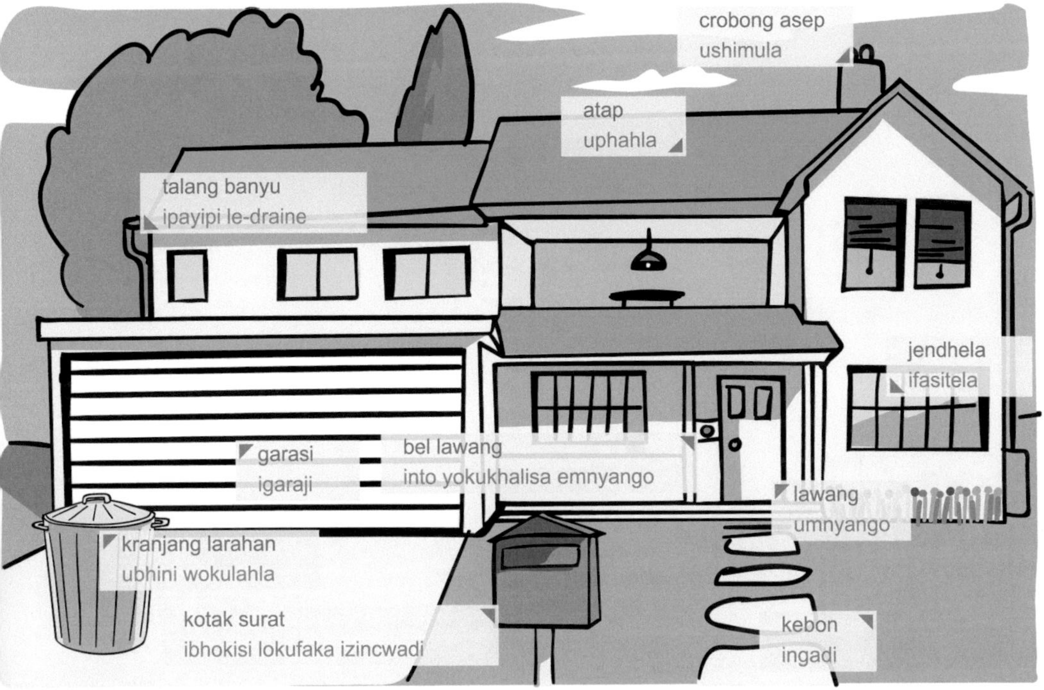

crobong asep
ushimula

atap
uphahla

talang banyu
ipayipi le-draine

jendhela
ifasitela

garasi
igaraji

bel lawang
into yokukhalisa emnyango

lawang
umnyango

kranjang larahan
ubhini wokulahla

kotak surat
ibhokisi lokufaka izincwadi

kebon
ingadi

ruang tamu
igumbi lokuhlala

jedhing
igumbi lokugeza

pawon
ikhishi

kamar turu
igumbi lokulala

kamar anak
igumbi lezingane

kamar panedhaan
igumbi lokudlela

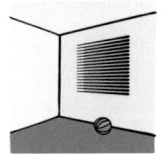
jobin
phansi

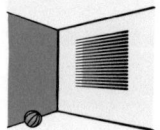
tembok
udonga

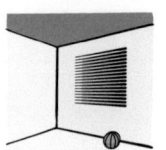
pyan
usilingi

gudhang ing njero lemah
i-cella

sauna
i-sauna

balkon
ibhalconi

teras
i-terrace

blumbang kanggo nglangi
iphuli

mesin kanggo motong suket
umshin wokugunda utshani

lembaran
ishidi

sprei
ingubo yokulala

dipan
umbhede

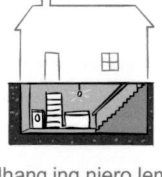
sapu
umshanelo

ember
ibhakede

tombol
i-switch

omah - indlu

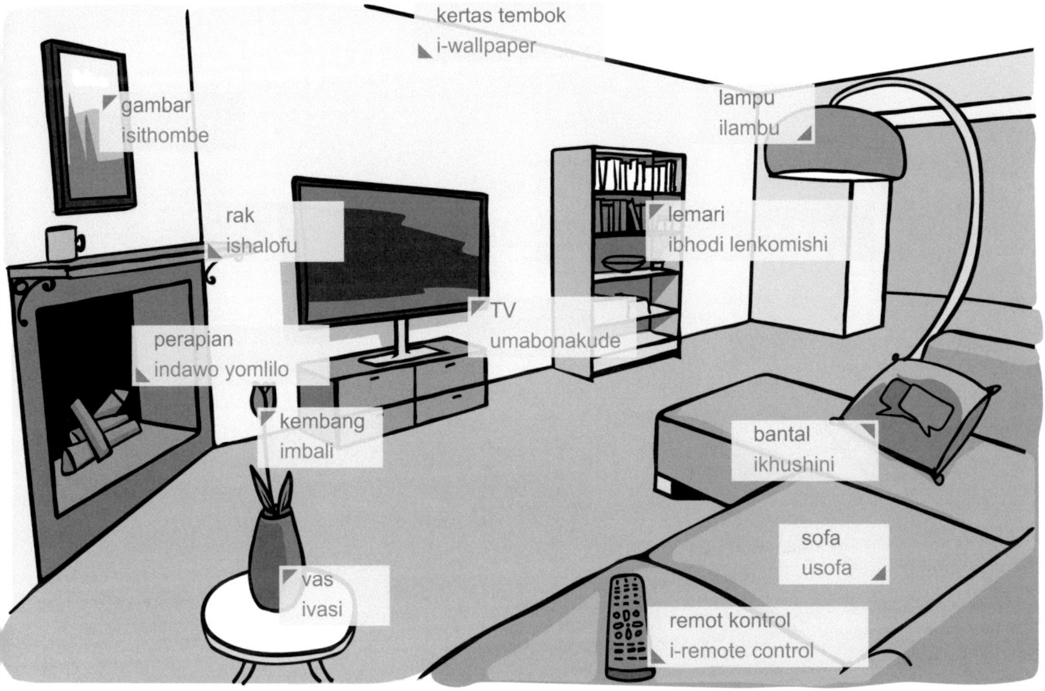

ruang tamu
igumbi lokuhlala

- kertas tembok — i-wallpaper
- gambar — isithombe
- lampu — ilambu
- rak — ishalofu
- lemari — ibhodi lenkomishi
- perapian — indawo yomlilo
- TV — umabonakude
- kembang — imbali
- bantal — ikhushini
- vas — ivasi
- sofa — usofa
- remot kontrol — i-remote control

karpet
ukhaphethe

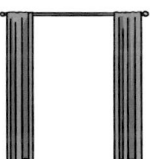

korden
ikhethini

meja
itafula

kursi
isihlalo

kursi goyang
isihlalo esinyakazayo

kursi tangan
isihlalo esingangengalo

buku
incwadi

selimut
ingubo

dekorasi
ukuhlobisa

kayu bakar
izinkuni zokubasa

film
ifilimu

hi-fi
izinto ze-hi-fi

kunci
ukhiye

koran
iphephandaba

lukisan
ukupenda

poster
iphosta

radio
umsakazo

buku catetan
i-notepad

penyedot lebut
ihuva

kaktus
i-cactus

lilin
ikhandlela

ruang tamu - igumbi lokuhlala

pawon
ikhishi

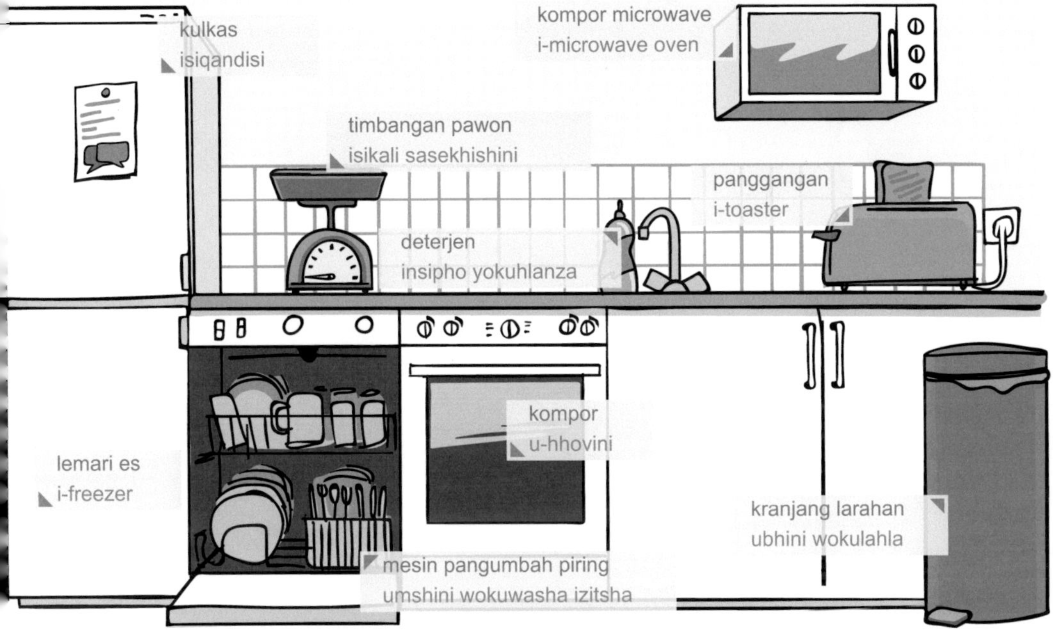

kulkas / isiqandisi

kompor microwave / i-microwave oven

timbangan pawon / isikali sasekhishini

deterjen / insipho yokuhlanza

panggangan / i-toaster

kompor / u-hhovini

lemari es / i-freezer

kranjang larahan / ubhini wokulahla

mesin pangumbah piring / umshini wokuwasha izitsha

kompor

umshini wokupheka

panci

ibhodwe

panci wesi

ibhodwe le-cast iron

wajan

i-wok / kadai

wajan

ipani

ceret

iketela

pawon - ikhishi

kukusan
i-steamer

loyang
ithreyi lokubhaka

pecah belah
izitsha zokudla

mug
imaki

mangkok
isitsha

sumpit
izinti zendwangu

irus
isixembe sokuphaka

solet
ispathula

udeg
i-whisk

ayakan
i-strainer

saringan
isisefo

parutan
igretha

lumpang
isitsha sodaka

panggangan
i-barbecue

geni
umlilo

pawon - ikhishi

telenan
ibhodi lokuqoba

gilingan adonan
ipini lokurola

kotrek
iskrew

kaleng
ikani

bukaan kaleng
into yokuvula ikani

cempal
indwangu yokubamba ibhodwe

wastafel
usinki

sikat
i-brush

sepon
isiponji

blender
ibhlenda

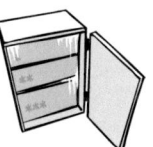

kulkas
i-deep freezer

gendul bayi
ibhodlela lengane

kran
umpompi

pawon - ikhishi

jedhing
igumbi lokugeza

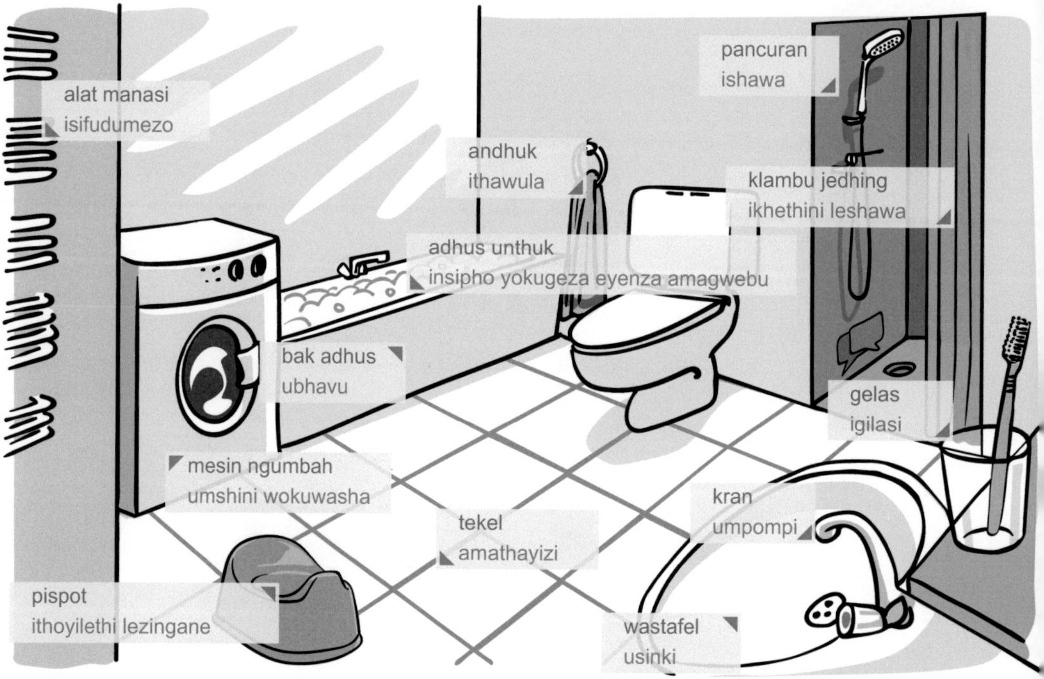

- alat manasi / isifudumezo
- pancuran / ishawa
- andhuk / ithawula
- klambu jedhing / ikhethini leshawa
- adhus unthuk / insipho yokugeza eyenza amagwebu
- bak adhus / ubhavu
- gelas / igilasi
- mesin ngumbah / umshini wokuwasha
- tekel / amathayizi
- kran / umpompi
- pispot / ithoyilethi lezingane
- wastafel / usinki

jamban
ithoyilethi

jamban dhodhok
ithoyilethi oqoshama kuyo

bidet
ithoyilethi le-bidet

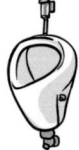

pissoir
ithoyilethi lokuchama labesilisa

tisu jamban
iphepha lasethoyilethi

sikat jamban
ibhrashi lasethoyilethi

sikat untu
ibhrashi lamazinyo

odol
insipho yamazinyo

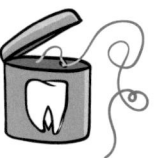
bolah untu
into yokuvungula

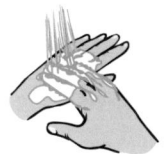
ngumbahi
washa

gagang shower
ishawa ebanjwa ngesandla

pancuran
uchatho

baskom
u-basini

sikat geger
ibrashi lomhlane

sabun
insipho

gel pancuran
ijeli yeshawa

sampo
ishampu

hem
ishethi lesikoshi

nguras
i-drain

krim
ukhilimu

deodoran
into yokugcoba amakhwapha

pangilon
isibuko

koco tangan
isibuko esiphathwa ngesandla

silet
ireyza

umpluk cukur
igwebu lokushefa

aftershave
umuthi ogcotshwa ngemva kokushefa

jungkat
ikama

sikat untu
ibhrashi

hairdryer
into yokomisa izinwele

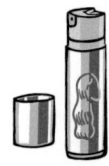

hairspray
ispreyi sezinwele

dandanan
i-makeup

gincu
into yokugcoba umlomo

kuteks
into yokususa upende wezinzipho

kapas
uwuli kakotini

gunting kuku
isikelo sezinzipho

parfum
isigqolo

kantong adhus

isikhwama sezinto zokugeza

dingklik

isitulo

timbangan

isikali

jubah kanggo sawise adhus

ingubo yokugeza

sarung karet

amagilavu erabha

tampon

ithemponi

pembalut

iphedi yasesikhathini

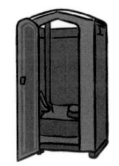

jamban nganggo bahan kimia

ithoyilethi lekhemikhali

jedhing - igumbi lokugeza

kamar anak

igumbi lezingane

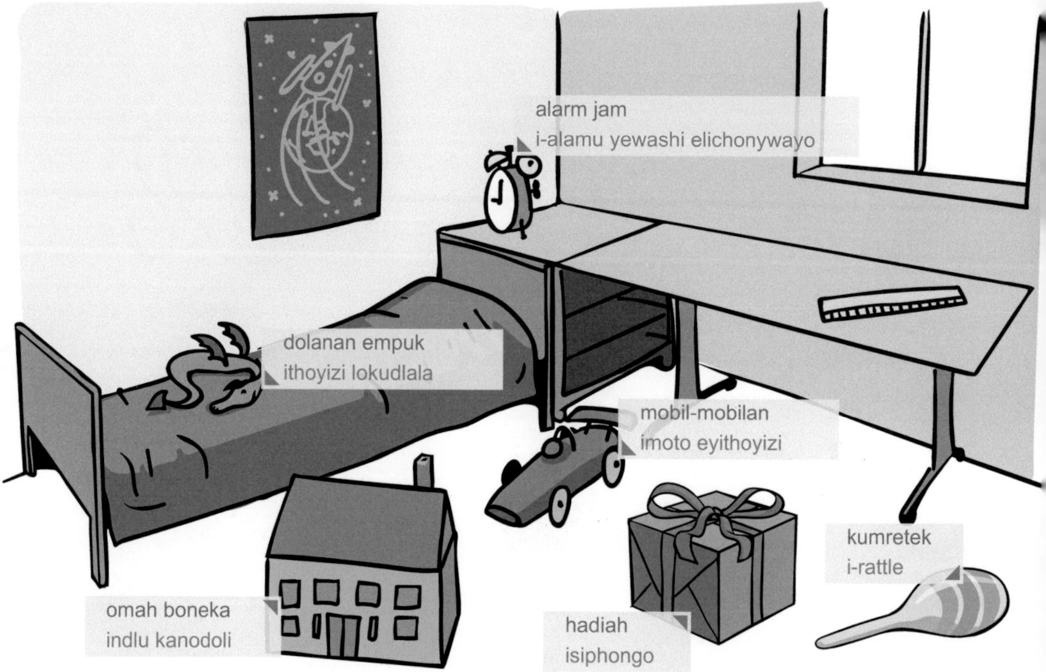

alarm jam
i-alamu yewashi elichonywayo
dolanan empuk
ithoyizi lokudlala
mobil-mobilan
imoto eyithoyizi
kumretek
i-rattle
omah boneka
indlu kanodoli
hadiah
isiphongo

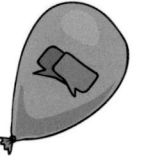

balon

ibhaluni

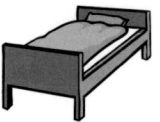

dipan

umbhede

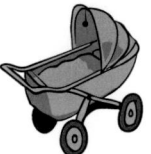

kreto bayi

iphremu

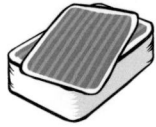

meja kertu

amakhadi

teka-teki

i-jigsaw

SUPER
MEGA

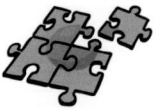

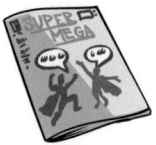

komik

indaba edwetshiwe

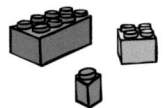

bata lego
amabrick elego

balok dolanan
amabhuloksi okwakha

boneka aksi
unodoli weqhawe

klambi bayi
izimpahla zezingane

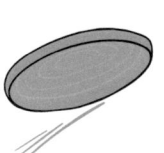

frisbee
i-frisbee

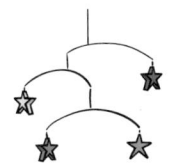

dolanan gantungan
amathoyizi ezingane alengayo

dolanan meja
ibhodi lokudlala igemu

dadu
idayisi

sepur dolanan
isethi yesitimela

dot
idemu

pesta
iphathi

buku gambar
incwadi yezithombe

bal
ibhola

boneka
unodoli

dolanan
dlala

kamar anak - igumbi lezingane

panggon dolanan pasir

umgodi wenhlabathi

ayunan

uzwinki

dolanan

amathoyizi

konsol video game

umshini wamavidiyo geymu

sepeda roda telu

ibhayisikili elinemasondo amathathu

beruang teddy

uthedibhe

lemari sandhangan

u-wardrobe

klambi
izimpahla

kaos kaki

amasokisi

stoking

amastokhingi

kathok singset

amathayithi

slendang
isikhafu

payung
i-amburela

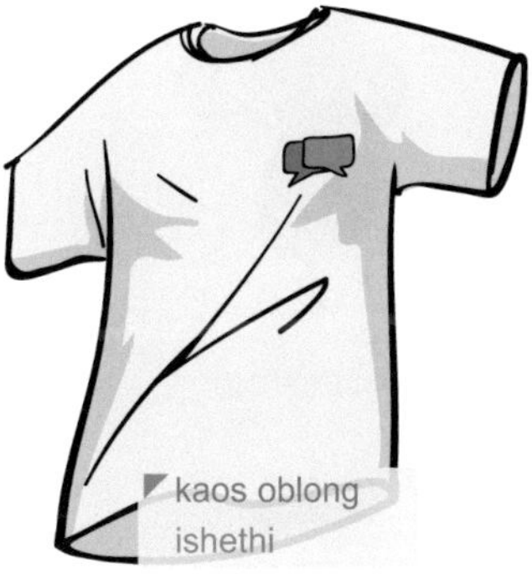

kaos oblong
ishethi

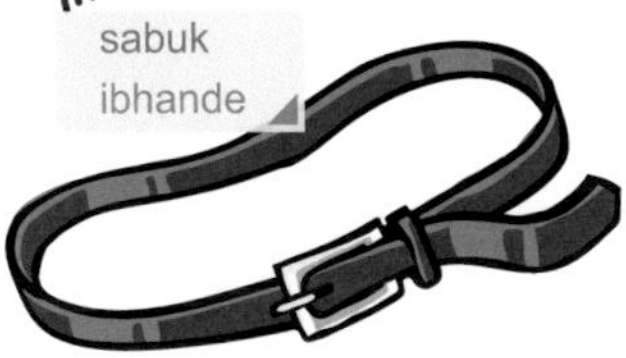

sabuk
ibhande

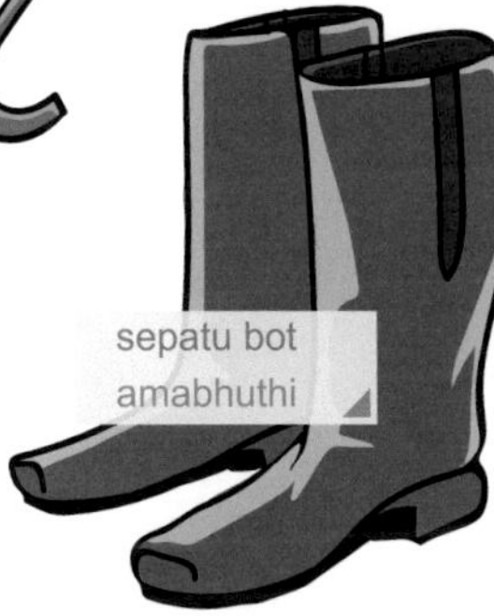

sepatu bot
amabhuthi

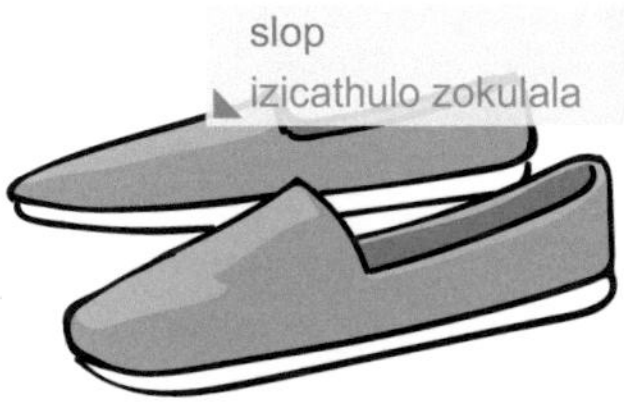

slop
izicathulo zokulala

sepatu kets
abaqeqeshi

sandal
amasandali

sepatu
izicathulo

sepatu bot karet
amabhuthi erabha

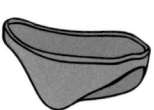

sempak
iphenti

kutang
u-bra

rompi
ivesti

klambi - izimpahla

awak
umzimba

kathok
amabhulukwe

kathok jins
amajini

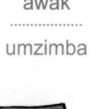

rok
isiketi

blus
isikibha

klambi
ishethi

jaket nganggo kudung
ijezi elinezigqoko

sweter
i-hoodie

blezer
ibhuleyiza

jaket
ijakhethi

mantel
ijazi

jas udan
i-raincoat

kostum
ikhosyumu

gaun
ingubo

gaun manten
ingubo yomshado

setelan
isudu

klambi kanggo turu
ingubo yokulala

piyama
amaphijama

kain sari
ingubo yesari

kudung
isikhafu

serban
isigqoko se-turban

cadar
ibhukha

kaftan
ingubo yekaftani

abaya
abaya

klambi kanggo nglangi
impahla yokubhukuda

kathok renang
amathranki

kathok cekak
isikhindi

klambi trening
i-tracksuit

celemek
ingubo yokupheka

sarung tangan
amagilavu

klambi - izimpahla

benik
ibhathini

kacamata
izibuko

gelang
ibhengela

kalung
umgexo

ali-ali
indandatho

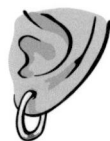

anting-anting
amacici

peci
ikepisi

gantungan mantel
into yokuhenga ijazi

topi
isigqoko

dasi
uthayi

slerekan
uziphu

helem
ihelmethi

bretel
ama-braces

sragam sekolah
iyunifomu yesikole

sragam
iyunifomu

klambi - izimpahla

oto
ibhayi lengane

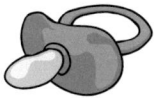

dot
idemu

popok
inabukeni

kantor
i-ofisi

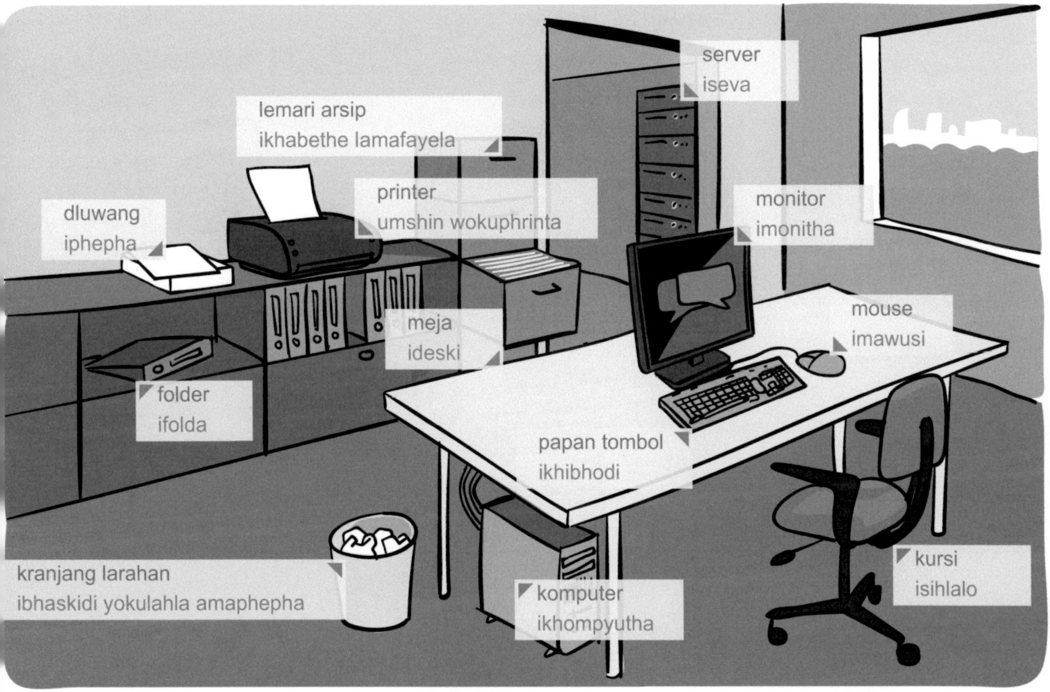

server
iseva

lemari arsip
ikhabethe lamafayela

dluwang
iphepha

printer
umshin wokuphrinta

monitor
imonitha

meja
ideski

mouse
imawusi

folder
ifolda

papan tombol
ikhibhodi

kranjang larahan
ibhaskidi yokulahla amaphepha

komputer
ikhompyutha

kursi
isihlalo

cangkir kopi
imagi yekhofi

kalkulator
ikhalkhuletha

internet
i-inthanethi

laptop	surat	pesen
ilephuthophu	incwadi	umyalezo

HP	jaringan	mesin fotokopi
ifoni	inethiwekhi	ifothokhophi

software	telpon	colokan
i-software	ucingo	indawo yokupulaka

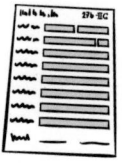

mesin faksimili	blangko	dokumen
umshini wokufeksa	ifomu	idokhumenti

kantor - i-ofisi

ekonomi
umnotho

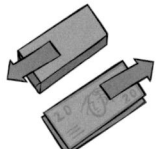

tuku
thenga

mbayar
khokha

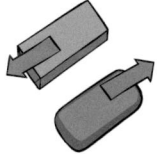

bebakulan
shintshana

duit
imali

dolar
idola

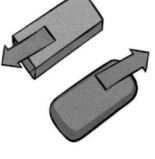

euro
i-euro

yen
iyen

rubel
i-rouble

franc Swiss
iSwiss franc

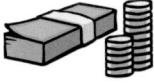

yuan renminbi
i-renminbi yuan

rupe
i-rupee

cash point
umshini wokukhipha imali

kantor pertukaran duit mancanegara

i-bureau de change

emas

igolide

perak

isiliva

minyak

amafutha

energi

amandla

rego

inani lemali

kontrak

ukuxhumana

pajek

intela

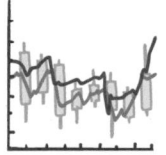

saham

isitokwe

kerjo

sebenza

pegawe

isisebenzi

juragan

umqashi

pabrik

ifekthri

toko

esitolo

ekonomi - umnotho

gawean
imisebenzi

perwira polisi
iphoyisa

petugas kobongan
indoda ecisha umlilo

tukang masak
pheka

dokter
udokotela

pilot
umshayeli wezindiza

tukang kebon
umuntu onakekela ingadi

tukang kayu
umbazi

tukang jahit
umthungi

hakim
ijaji

ahli kimia
umuntu osebenza ekhemisi

aktor
umlingisi

sopir bis
umshayeli webhasi

sopir taksi
umshayeli wetekisi

nelayan
indoda edoba izinhlanzi

tukang reresik
owesifazane ohlanzayo

tukang pasang gendheng
umuntu olungisa uphahla

laden
uweyita

pamburu
umzingeli

pelukis
umuntu opendayo

tukang roti
umbhaki

tukang listrik
umuntu osebenza ngogesi

tukang mbangun
umakhi

insinyur
unjiniyela

jagal
indawo edayisa inyama

tukang ledeng
umuntu osebenza ngamapayipi

tukang pos
indoda yaseposini

gawean - imisebenzi

tentara

isosha

arsitek

umdwebi wezakhiwo

kasir

umbali wemali

bakul kembang

umuntu otshala izimbali

juru rambut

umuntu owenza izinwele

kondektur

umqondisi wasesitimeleni

mekanik

umakhenikha

kapten

ukaputeni

dokter untu

udokotela wamazinyo

ilmuwan

usosayensi

rabbi

urabi

imam

imam

biksu

indela

pandhita

umfundisi

gawean - imisebenzi

alat
amathuluzi

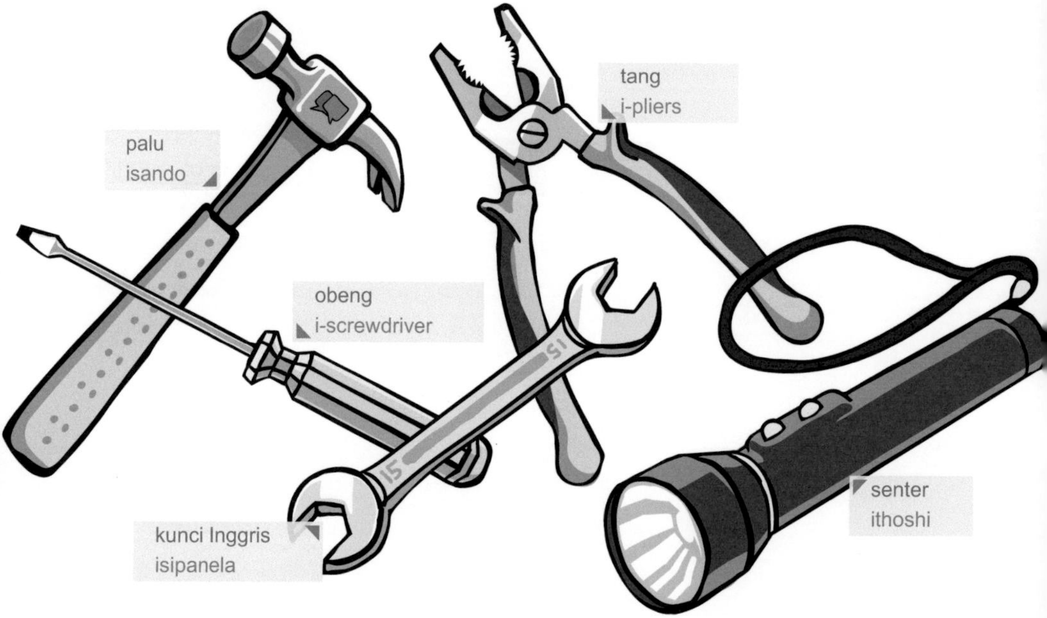

palu
isando

tang
i-pliers

obeng
i-screwdriver

kunci Inggris
isipanela

senter
ithoshi

mesin kerukan
umshini wokumba

wadah perkakas
ibhokisi lamathuluzi

andha
isitebhisi

graji
isaha

paku
izinzipho

bur
i-drill

ndandani

lungisa

sekop

ifosholo

Bajigur!

Damethi!

serok

idastipheni

kaleng cat

ithini likapende

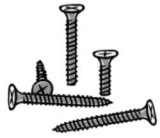

sekrup

i-screws

alat musik
izinsimbi zomculo

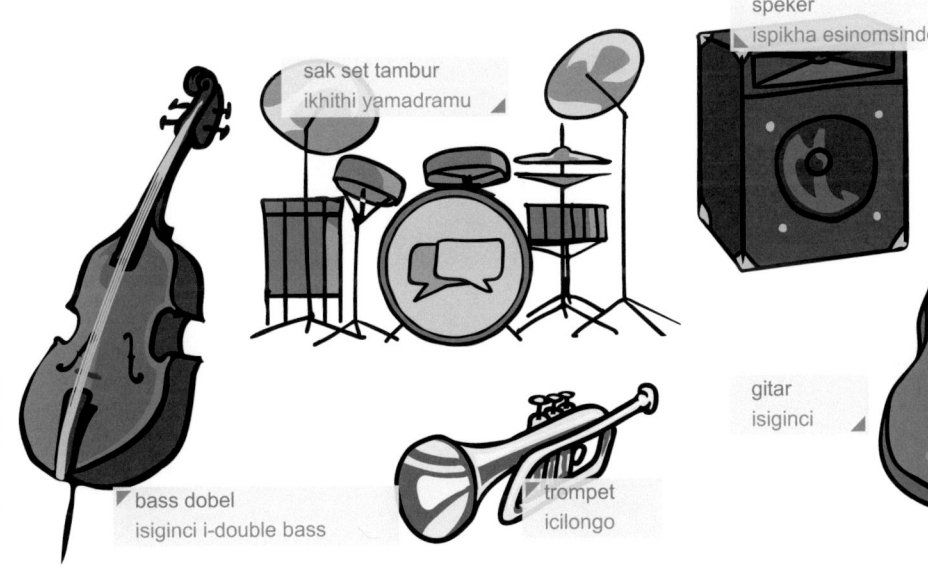

speker — ispikha esinomsindo omkhulu

sak set tambur — ikhithi yamadramu

gitar — isiginci

bass dobel — isiginci i-double bass

trompet — icilongo

piano
ipiyano

biola
ivayolini

bass
i-bass

timpani
ithimpani

tambur
amadramu

keyboard
i-keyboard

saksofon
i-saxophone

suling
umtshingo

mikropon
imakhrofoni

alat musik - izinsimbi zomculo

kebon kewan
esiqiwini

- macan tutul / ingwe
- kandang / ikheji
- sebra / idube
- pakanan kewan / ukudla kwezilwane
- lawang mlebu / indawo yokungena
- panda / iphanda

kewan
izilwane

gajah
indlovu

kanguru
ikhangaru

badak
ubhejane

gorila
igorila

beruang
ibhele

unta
ikamela

manuk unta
intshe

singa
ingonyama

kethek
inkawu

flamingo
i-flamingo

bethet
upholi

beruang kutub
ibhele laseqhweni

pinguin
iphenguwini

hiu
ushaka

merak
ipigogo

ula
inyoka

baya
ingwenya

juru kunci kebon kewan
umgcini wezilwane

singa segara
isilwane saseqhweni

jaguar
ijaguwa

kebon kewan - esiqiwini

jaran poni
iponi

macan tutul
ingwe

kuda nil
imvubu

jrapah
indlulamithi

garudha
ukhozi

celeng
intibane

iwak
inhlanzi

bulus
ufudu

walrus
i-walrus

rubah
ujakalase

kidang
inyamazane igazele

olahraga
imidlalo

bal-balan Amerika
ibhola lezinyawo laseMelika

sepedahan
umdlali webhayisikili

tenis
ithenisi

basket
ibhola lomnqankiswano

nglangi
ukubhukuda

tinju
isibhakela

hoki es
i-ice hockey

bal-balan
ibhola lezinyawo

badminton
i-badminton

atletik
abasubathi

bal tangan
ibhola lezandla

ski
ukushushuluza

polo
ipolo

olahraga - imidlalo

kegiatan
imisebenzi

mencolot / gxuma

ngrangkul / haga

ngguyu / hleka

mlaku / hamba

nembang / cula

ngimpi / phupha

ndonga / thandaza

ngambung / cabuza

nulis
bhala

nggambar
dweba

nuduhake
bonisa

mencet
phusha

menehi
nikeza

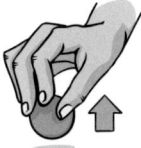

njupuk
thatha

kegiatan - imisebenzi

duweni
yiba

nindakake
yenza

yaiku
yiba

ngadek
sukuma

mlayu
gijima

narik
donsa

nguncalake
phonsa

tiba
yiwa

ngapusi
amanga

ngenteni
linda

nggawa
thwala

lungguh
hlala

klamben
gqoka

turu
lala

tangi
vuka

kegiatan - imisebenzi

ndheleng
bukela

nangis
khala

ngelus
qhweba

njungkati
kama

ngomong
khuluma

mangerteni
qonda

takon
buza

ngrungoake
lalela

ngombe
phuza

mangan
idla

ngrapiake
coca

nrisnani
thanda

masak
pheka

nyopir
shayela

mabur
ndiza

kegiatan - imisebenzi

nglayar
hamba ngomkhumbi

itung
bala

maca
funda

sinau
funda

kerjo
sebenza

ngrabi
shada

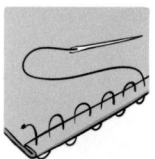
njahit
thunga

nyikat untu
geza amazinyo

mateni
bulala

ngrokok
bhema

ngirim
thumela

keluarga
umndeni

- mbah putri / ugogo
- mbah kakung / umkhulu
- bapak / ubaba
- ibu / umama
- bayi / ingane
- anak wedok / indodakazi
- anak lanang / indodana

tamu
isivakashi

bu lik
u-anti

pak lik
umalume

dulur lanang
umfowethu

dulur wadon
udadewethu

awak
umzimba

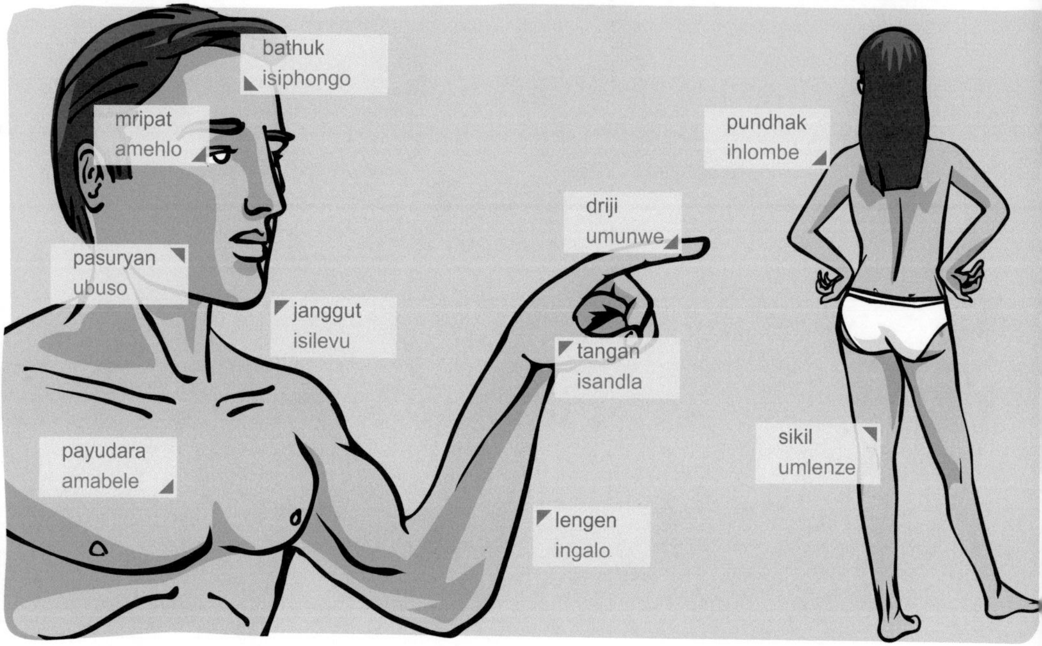

bathuk / isiphongo
mripat / amehlo
pasuryan / ubuso
janggut / isilevu
payudara / amabele
pundhak / ihlombe
driji / umunwe
tangan / isandla
sikil / umlenze
lengen / ingalo

bayi
ingane

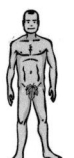

lanang
indoda

wadon
owesifazane

bocah wadon
intombazane

bocah lanang
umfana

sirah
ikhanda

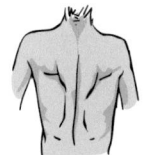
geger
umhlane

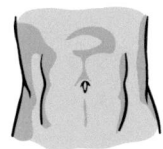
weteng
isisu

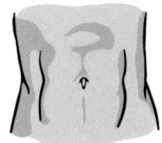
puser
inkaba

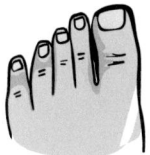
driji sikil
izinzwane

tungkak
isithende

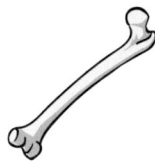
balung
ithambo

panggul
inqulu

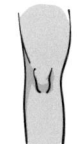
dengkul
idolo

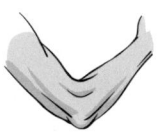
sikut
indololwane

irung
ikhala

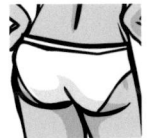
bokong
ingenzansi

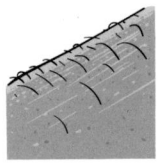
kulit
isikhumba

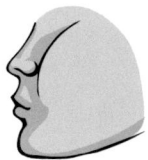
pipi
iziqhomo

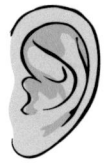
kuping
indlebe

lambe
udebe

awak - umzimba

lisan
umlomo

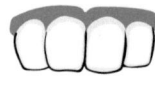

untu
amazinyo

ilat
ulimu

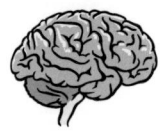

uteg
ingqondo

jantung
inhliziyo

otot
imasela

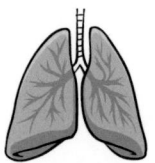

paru
uphaphe

ati
isibindi

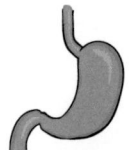

garba
isisu

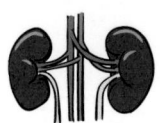

ginjel
izinso

sanggama
ucansi

kondom
ikhondomu

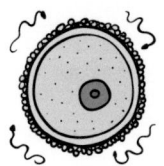

ovum
iqanda

mani
isidoda

mbobot
ukukhulelwa

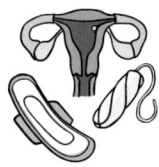

haid
ukuya esikhathini

vagina
imomozi

zakar
umthondo

alis
ishiya

rambut
izinwele

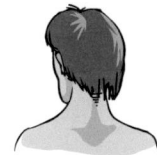

gulu
intamo

griya sakit
isibhedlela

- griya sakit / isibhedlela
- ambulans / i-ambulensi
- kursi roda / isitulo sabakhubazekile
- bentet / ukuphuka

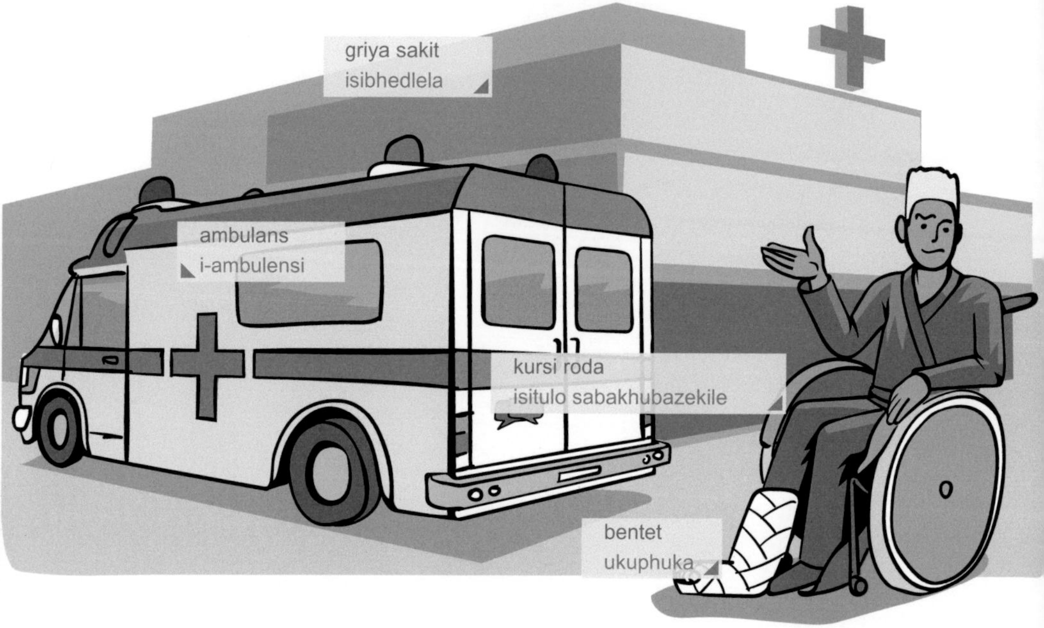

dokter
udokotela

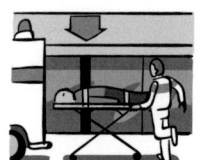

kamar gawat darurat
igumbi leziguli ezidinga ukwelashwa okuphuthumayo

perawat
umhlengikazi

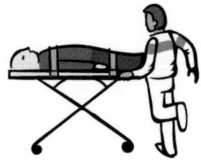

dharurat
izimo eziphuthumayo

ora sadar
ukuquleka

linu
ubuhlungu

tatu
ukulimala

getihen
ukopha

serangan jantung
isifo senhliziyo

setruk
ukushaywa unhlangothi

alergi
ukungazwani komzimba nezinto ezithile

watuk
ukukhwehlela

ngelu
imfiva

pilek
umkhuhlane

diare
ukuhuda

mumet
ukuphathwa ikhanda

kanker
umdlavuza

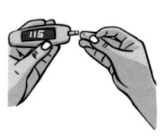
diabetes
isifo sikashukela

ahli bedah
udokotela ohlinzayo

lading bedah
isikalpheli

operasi
ukuhlinzwa

griya sakit - isibhedlela

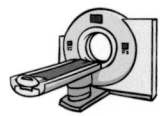

CT
CT

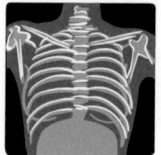

sinar x
i-x-ray

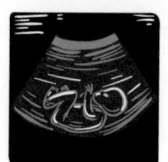

USG
i-ultrasound

masker
imaskhi yasebusweni

penyakit
isifo

kamar nunggu
igumbi lokulinda

pitulung
izinduko zokuhamba

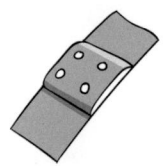

perban
iplasta

perban
ibhandishi

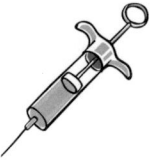

suntik
umjovo

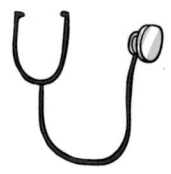

stetoskop
izipopolo zikadokotela

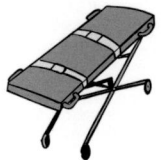

tandu
i-stretcher

termometer klinik
umshini okala izinga lokushisa

lair
ukubeletha

kalemon
ukukhuluphala ngokweqile

griya sakit - isibhedlela

alat bantu dengar

insizwa yokuzwa

disinfektan

ukungatheleleki

infeksi

ukutheleleka

virus

ivariyasi

HIV/AIDS

HIV / AIDS

obat

umuthi

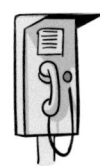

vaksinasi

umgomo

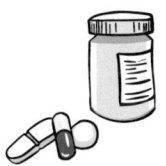

tablet

amaphilisi

pil

amaphilisi

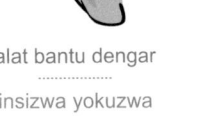

nomer telpon darurat

ucingo oluphuthumayo

ngukur tensi getih

umshini okala umfutho wegazi

lara / waras

ukugula / ukuba umqemane

dharurat
izimo eziphuthumayo

Tulung!
Sizani!

alarem
i-alamu

sergap
ukuhlasela

serangan
ukuhlasela

bebaya
ingozi

lawang metu dharurat
indawo yokubalekela ngaphansi kwezimo eziphuthumayo

Kobongan!
Umlimo!

alat mateni geni
isicimamlilo

kacilakan
ingozi

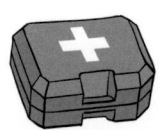
pitulungan wiwitan
ikhithi yosizo lokuqala

SOS
SOS

polisi
amaphoyisa

bumi
Umhlaba

Eropa
Europe

Amerika Lor
North America

Amerika Kidul
South America

Afrika
Africa

Asia
Asia

Australia
Australia

Atlantik
Atlantic

Pasifik
Pacific

Samudra Hindia
Indian Ocean

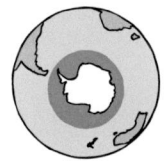
Samudra Antartika
Antarctic Ocean

Samudra Arktik
Arctic Ocean

Kutub Lor
North Pole

Kutup Kidul
South Pole

Antarktika
Antarctica

bumi
Umhlaba

daratan
umhlaba

segara
izilwandle

pulau
isiqhingi

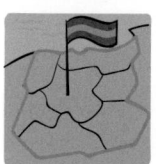

bangsa
izwe

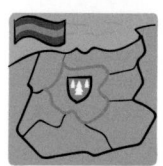

negara
inhlangano engokomthetho

jam
iwashi

layar jam

ubuso bewashi

dom jam

isandla sehora

dom menit

isandla semizuzu

dom detik

isandla sesibili

Jam piro saiki?

Ubani isikhathi?

dina

usuku

wektu

isikhathi

saiki

manje

jam digital

iwashi lezibalo

menit

umzuzu

jam

ihora

jam - iwashi

minggu
iviki

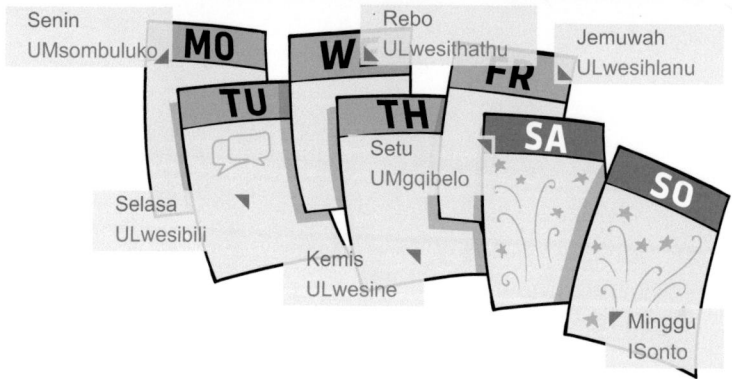

Senin / UMsombuluko
Selasa / ULwesibili
Rebo / ULwesithathu
Kemis / ULwesine
Jemuwah / ULwesihlanu
Setu / UMgqibelo
Minggu / ISonto

wingi
izolo

saiki
namhlanje

sesuk
kusasa

esuk
ekuseni

awan
emini

bengi
ntambama

dina kerja
izinsuku zeviki

akhir minggu
impelasonto

tahun
unyaka

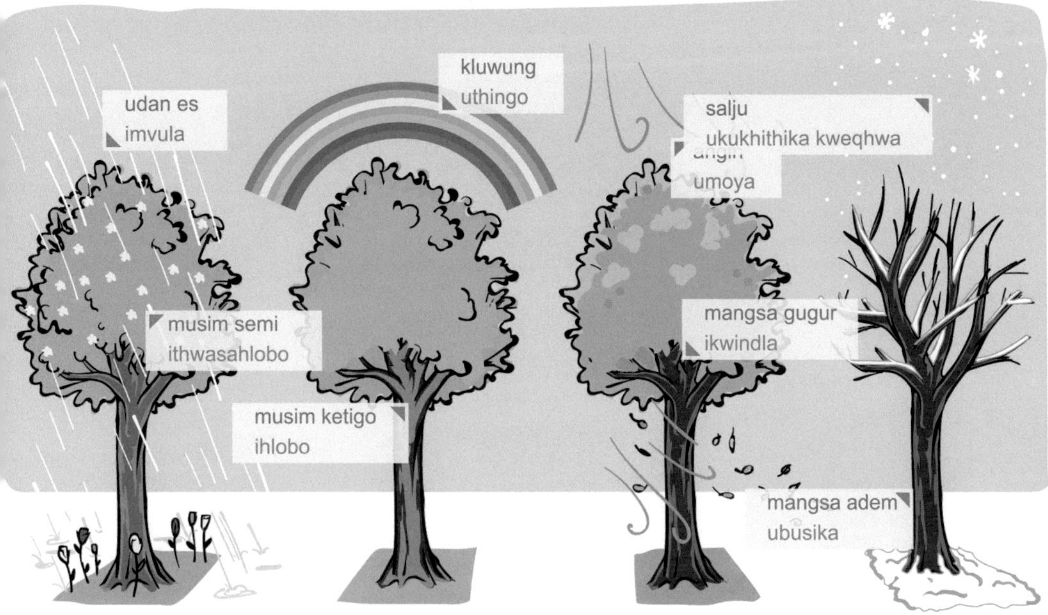

- udan es / imvula
- kluwung / uthingo
- salju / ukukhithika kweqhwa
- angin / umoya
- musim semi / ithwasahlobo
- musim ketiga / ihlobo
- mangsa gugur / ikwindla
- mangsa adem / ubusika

ramalan cuaca
isimo sezulu

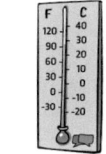
termometer
umshini wezinga lokushisa

srengenge
ukushisa kwelanga

mendhung
amafu

kabut
inkungu

kelembapan
umswakama

kilat

ummbani

bledheg

ukuduma kwezulu

badai

isiphepho

udan es

isichotho

muson

imvula enkulu

banjir

izikhukhula

es

iqhwa

Januari

UMasingana

Februari

UNhlolanja

Maret

UNdasa

April

UMbasa

Mei

UNhlaba

Juni

UNhlangulana

Juli

UNtulikazi

Agustus

UNcwaba

tahun - unyaka

September
UMandulo

Oktober
UMfumfu

Nopember
ULwezi

Desember
UZibandlela

wangun
amasheyphu

bunder
indilinga

kuadrat
isikwele

segi papat
unxande

segi telu
unxantathu

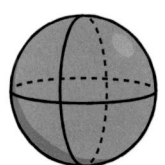
bal
i-sphere

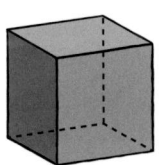
kubus
i-cube

warna
imibala

putih
kumhlophe

kuning
kuphuzi

oranye
ku-olenji

jambon
kuphinki

abang
kumbomvu

ungu
kuphephuli

biru
kuluhlaza okwesibhakabhaka

ijo
kuluhlaza

coklat
kubhrawuni

abu-abu
kuphashile

ireng
kumnyama

kontras
izinto ezingafani

akeh / sithik
kakhulu / kancane

nesu / kalem
ukucasuka / ubumnene

ayu / elek
ubuhle / ububi

pawitan / pungkasan
isiqalo / isiphetho

gede / cilik
kukhulu / kuncane

padhang / peteng
kuyakhanya / kumnyama

sedulur lanang / sedulur wadon
umfowethu / udadewethu

resik / reged
ukuhlanzeka / ukungcola

pepak / ora pepak
ukuphelela / ukungapheleli

awan / bengi
imini / ubusuku

mati / urip
ukufa / ukuphila

jembar / sempit
ukuvuleka / ukunyinyeka

iso dipangan / ora iso dipangan

okudliwayo / okungadliwa

ala / becik

ukukhohlakala / umusa

seneng / bosen

ukujabula / isithukuthezi

lemu / kuru

ukunona / ukuzaca

pisanan / pungkasan

ukuqala / ukugcina

kanca / musuh

umngane / isitha

kebak / kosong

ukugcwala / ukuphela

atos / empuk

ubunzima / ukuthamba

abot / enteng

ukusinda / ukubalula

luwe / wareg

ukulamba / ukoma

lara / waras

ukugula / ukuba umqemane

illegal / legal

ngokomthetho / okungekho emthethweni

pinter / bodo

ukuhlakanipha / isiphukuphuku

kiwa / tengen

isinxele / esokudla

cedhak / adoh

eduze / kude

anyar / lawas

kusha / sekusebenzile

ora ana / ana

utho / okuthile

tuwa / enom

okudala / okusha

urip / mati

vuliwe / kucishiwe

buka / tutup

vula / vala

anteng / rame

kuthulekile / kunomsindo

sugeh / mlarat

ukuceba / ubumpofu

bener / salah

kulungile / akulungile

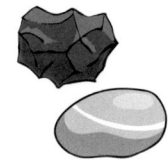

kasar / alus

kugadlazekile / kuyashelela

susah / seneng

dabuka / jabula

cendhak / dawa

kufishane / kude

alon / banter

kuyanensa / kuyashesha

teles / garing

ukuba manzi / ukoma

anget / adem

ukufudumala / ukuphola

perang / tentrem

ukulwa / ukuthula

kontras - izinto ezingafani

angka
izinombolo

0 nol / uziro

1 siji / kunye

2 loro / kubili

3 telu / kuthathu

4 papat / kune

5 limo / kuhlanu

6 enem / isithupha

7 pitu / isikhombisa

8 wolu / isishiyagalombili

9 songo / isishiyagalolunye

10 sepuluh / ishumi

11 sewelas / ishumi nanye

12
rolas
ishumi nambili

13
telulas
ishumi nantathu

14
patbelas
ishumi nane

15
limolas
ishumi nanhlanu

16
nembelas
ishumi nesithupha

17
pitulas
ishumi nesikhombisa

18
wolulas
ishumi nesishiyagalombili

19
songolas
ishumi nesishiyagalolunye

20
rong puluh
amashumi amabili

100
satus
ikhulu

1.000
sewu
inkulungwane

1.000.000
sak yuto
izigidi

angka - izinombolo

basa-basa
izilimi

basa Inggris
isiNgisi

basa Inggris Amerika
isiNgisi saseMelika

basa Cina Mandarin
isiMandarin saseShayina

basa Hindi
isiHindi

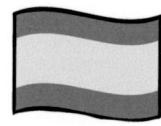

basa Spanyol
iSpanishi

basa Prancis
isiFulentshi

basa Arab
isi-Arabhu

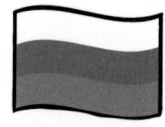

basa Rusia
isiRashiya

basa Portugis
isiPutukezi

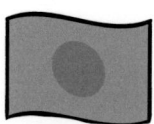

basa Bengali
isiBengali

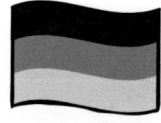

basa Jerman
isiJalimane

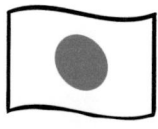

basa Jepang
isiJapane

sapa / apa / piye
ubani / ini / kanjani

aku
Mina

kowe
wena

dheweke
u / u / ku

kita
thina

kowe kabeh
nina

dheweke kabeh
bona

sapa?
ubani?

apa?
ini?

piye?
kanjani?

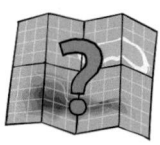
neng endi?
kuphi?

kapan?
nini?

jeneng
igama

neng endi
kuphi

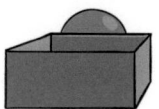

mburi
ngemuva

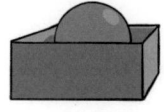

ing jero
ngaphakathi

ing ngarep
phambi kwe

ing dhuwure
phezulu

ing
ngaphezulu

ing ngisore
ngaphansi

sisih
eceleni

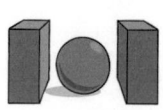

antarane
phakathi

panggonan
indawo